LA HIPOTENUSA

LA HIPOTENUSA

*Una parábola científica ilustrada
para tiempos turbulentos*

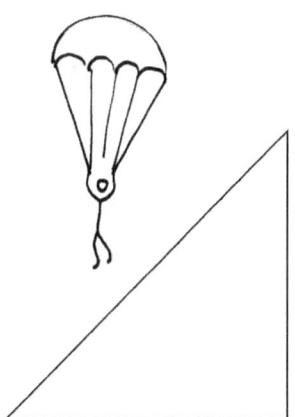

Carlos E. Puente

AL INMACULADO CORAZÓN
DE MARÍA

e inculcar la paz

Para superar espinas

Contenido

"Voz del que clama en el desierto:
Preparad el camino del Señor,
enderezad sus sendas;
todo barranco será rellenado,
todo monte y colina será rebajado,
lo tortuoso se hará recto
y las asperezas serán caminos llanos.
Y todos verán la salvación de Dios".

de La Predicación de Juan el Bautista
San Lucas 3:4–6

Prefacio

En un mundo en el que una de cada siete personas (es decir, 925 millones de hermanos en 2010) vive con hambre, en el que aproximadamente el 50% de la población sobrevive con menos de $2.50 dólares al día y en el que por lo menos el 80% de la humanidad vive con menos de $10 dólares al día, esta parábola es relanzada con la esperanza que pueda contribuir a entender mejor los efectos multiplicativos, al final muy sencillos, que dan lugar a los problemas universales que nos abaten a todos —problemas que seguramente no se podrán resolver sin nuestras acciones colectivas debidamente concertadas.

En un día y una edad cuando diversos ciudadanos del mundo son cada vez más consciente de las desigualdades de ingresos y riqueza, resultando en clamores en contra del 1% más rico, espero que este trabajo sirva como un recordatorio del plan amoroso disponible a todos nosotros—independientemente del bando del 99% o 1%—de modo que todos podamos abordar verdaderamente los asuntos que nos dividen, y hacerlo con la debida dignidad, armonía y paz.

Esta versión de la parábola es casi idéntica a la original, salvo algunas mejoras; en particular, una explicación de la anhelada solución que ha ascendido desde una nota a su propia sección, ahora situada justo después del Epílogo.

Davis, 25 de Marzo de 2012
En la Fiesta de la Anunciación del Señor

Prefacio de la Primera Edición

Indudablemente, vivimos en tiempos turbulentos. Luego de sobrellevar en el siglo veinte guerras y rumores de guerras, holocaustos, hambrunas, terrorismo, corrupción, caídas de las bolsas de valores, uso de drogas, y una pobreza generalizada, la humanidad parece estar destinada a continuar así en el nuevo milenio. A pesar de las buenas intenciones de muchos, las luchas de poder en el mundo continúan rasgando el delicado tapiz de la unidad, llevando a muchos a la desesperanza y a la indiferencia. Tristemente, mientras la humanidad crece, la paz genuina continúa siendo esquiva.

Además de nuestros problemas, el siglo pasado también ha sido testigo de avances en ciencia y tecnología, que han transformado la forma en que vivimos. Recientemente, tal conocimiento ha dado lugar a una colección de ideas encaminadas a comprender y predecir la complejidad de la naturaleza, y en particular a aquella relacionada con la turbulencia. Este trabajo muestra cómo dichas ideas proveen un marco de referencia imparcial para visualizar la dinámica y las consecuencias de los rasgos divisivos del hombre, el cual nos guía, de una manera lógica y en concordancia con sabiduría antigua, a un único estado de balance y amistad, simbolizado por la hipotenusa de un triángulo rectángulo, en el cual todos podemos lograr la paz.

Es mi esperanza que esta obra ayude a crear conciencia acerca de la naturaleza universal de los problemas que nos aquejan y que inspire una acción mayor para que todos podamos gozar de un mundo amoroso.

Davis, 9 de Enero de 2006
En la Fiesta del Bautismo de Jesús

Preludio

Esta obra está basada en un conjunto de herramientas matemáticas sencillas conocidas como las cascadas multiplicativas, que dividen y redistribuyen progresivamente un objeto originalmente unido y constante. La parábola se establece siguiendo la evolución de cascadas genéricas y notando que su dinámica permite representar las actitudes de superioridad (e inferioridad) de la humanidad, que dan lugar a "turbulencia" en diversas escalas: dentro de nosotros mismos, en nuestras relaciones personales, en nuestras sociedades, en nuestros países, y en el mundo en general.

El texto está ordenado en cuatro secciones principales —historia, matemáticas, física, y sentido común, todas de "a poco" —y adopta el formato de una historia ilustrada, incluyendo "personas" caminando encima de diagramas matemáticos para ayudar a explicar las ideas más importantes. En un esfuerzo por abarcar a una audiencia general, el texto no incluye detalles técnicos sino que ellos se encuentran en un conjunto de notas al final del libro. El lector puede pasar por alto las notas en una primera lectura pero se le recomienda considerarlas más adelante, pues ellas incluyen, además de referencias pertinentes, información adicional que ayuda a clarificar y establecer el mensaje de la parábola.

Como un corolario a la narrativa, la obra incluye un epílogo y una sección que esboza detalladamente la solución de nuestros problemas. La parábola concluye con tres poemas-canciones: "La Hipotenusa", "609" y "$X = Y$".

Un poco de historia. . .

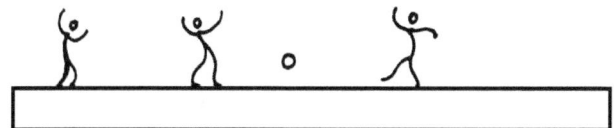

Hace algún tiempo, pero en verdad no mucho, la vida era sencilla, el equilibrio regía, y era el paraíso. La gente escuchaba y se podía mover libremente de un sitio a otro, pues todo era compartido.

Entonces, algunas personas fueron engañadas por una mentira sutil. Ellos pensaron que había una mejor manera—que merecían más que los demás—y, así, éstos escogieron a sus amigos y perturbaron el panorama normal de la vida, cortándolo por su 70%.

Como se verá más adelante, la escogencia del 70% no es arbitraria.

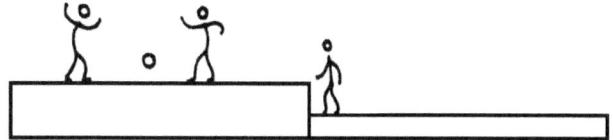

Ellos apilaron, para sí mismos, la parte más grande hasta la primera mitad, y le dejaron a los demás el pedazo más pequeño, alargado en la segunda mitad.[1]

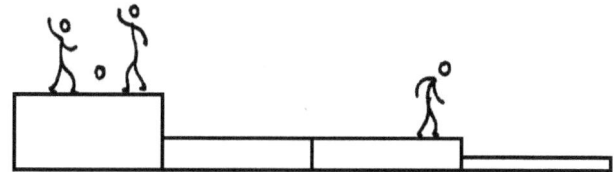

Al paso del tiempo, el mismo proceso se repitió en cada lado usando las mismas proporciones. El espacio se dividió entonces en cuatro partes que contienen, en orden de izquierda a derecha,

el 49% *(70% del 70%)*,
el 21% *(30% del 70%)*,
el 21% *(70% del 30%)*, y
el 9% *(30% del 30%)*

de los recursos.[2]

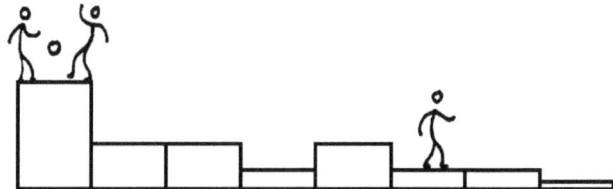

Rápidamente, al establecerse la competencia, aparecieron ocho grupos ordenados en cuatro estratos.[3] La vida en la cima era buena, pero los viajes y las comunicaciones se volvieron cada vez más difíciles, pues las distancias verticales continuaron aumentando.

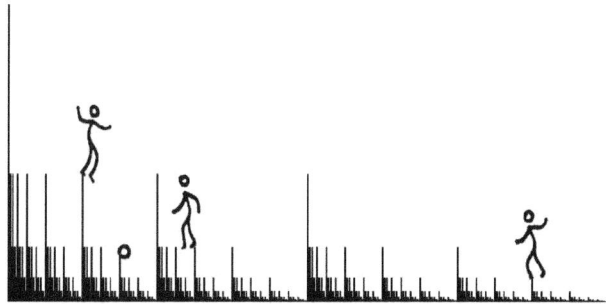

Al continuar dicha **cascada** divisiva, la fragmentación adicional dio lugar a una gran cantidad de pequeños segmentos, aún tan pequeños
como individuos, cuyos recursos se organizaron
de una forma repetitiva y entrelazada.[4]

*La escala vertical de la gráfica para una cadena
que contiene sólo 12 niveles de la mentira es ya
más de 56 veces más grande que la del equilibrio. Mientras que la gráfica arriba se muestra
comprimida para que se ajuste al tamaño de la
página, la gente ha sido alargada para no con-
fundirla con hormigas.[5]*

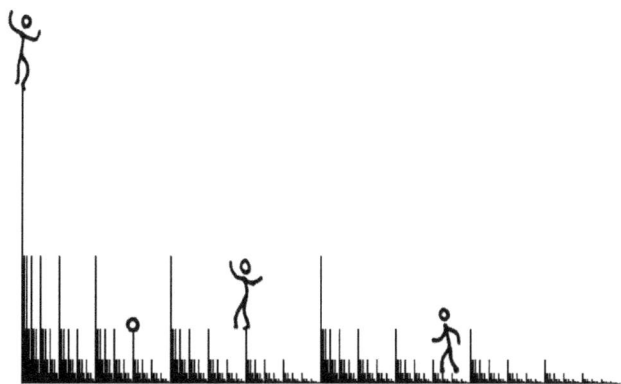

Tristemente, esta cadena injusta produjo una soledad indeseada y una amplia desconfianza. También dio lugar a disparidades notorias, pues la mayoría de la riqueza se concentró en unas pocas **espinas** aisladas.

Por ejemplo, luego de 16 niveles de la mentira, el 20% más rico de la población es dueño de alrededor del 80% de los recursos — tal y como se cita comúnmente en discusiones acerca de las desigualdades de riqueza en el mundo.[6]

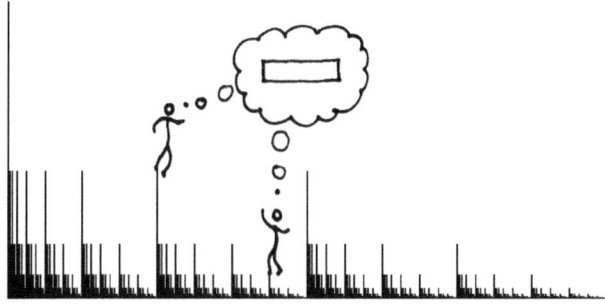

Al crecer los desequilibrios, ocurrió lo inevitable. Algunos rebeldes, en algunas naciones muy sesgadas, decidieron restaurar la igualdad y la dignidad a la fuerza.

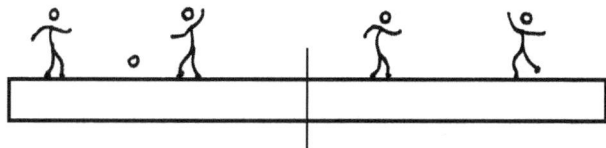

Aquí, otra mentira, tan sutil como la primera, embaucó a muchos. Los líderes pensaron que la vida no tenía ningún valor al compararla con el bien del estado. Esta creencia los llevó a romper el modelo deseado por la mitad.

De modo que al redistribuir uniformemente el panorama a la izquierda y a la derecha, las voces en discordia, aquí alegóricamente confinadas al tercio de la mitad, ya no pudieran participar en el juego de la vida.[7]

Como se apreciará más adelante, la escogencia del tamaño del hueco y su localización en el centro no afectan el mensaje de la parábola.

Al evolucionar la igualdad a la fuerza, su implementación produjo un aislamiento aún mayor de las opiniones disidentes y, por consiguiente, un vacío adicional en la textura de dichas sociedades. Tristemente, la desconfianza y el temor se multiplicaron en la medida en que crecía el "panorama común".

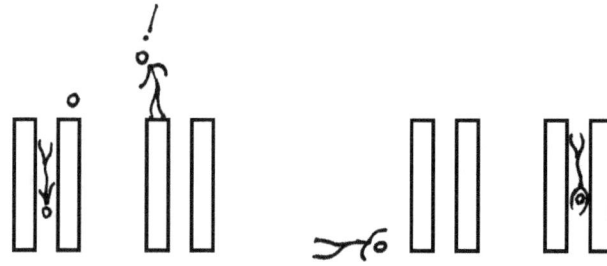

Inevitablemente, y tal y como ocurrió con la primera mentira, con el paso del tiempo la unidad y la amistad se desmoronaron. Muchos individuos fueron simplemente descartados por esta cascada de huecos discriminantes, y, como sucedió antes, la distancia efectiva entre la gente aumentó.[8]

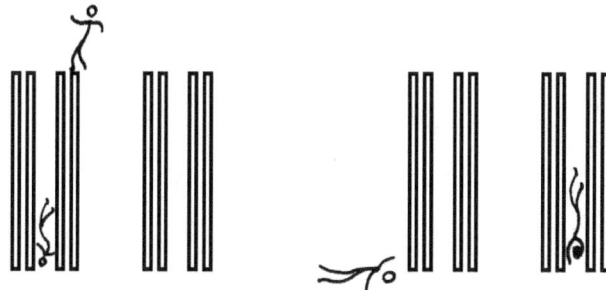

Al final (no ilustrado, para evitarle horribles pesadillas a los lectores jóvenes), estos estados se empobrecieron, pues su división inherente dejó a su gente, si no exactamente a sus recursos, concentrada en espinas iguales sobre el **polvo**, esto es, la sociedad perdió su cohesión y quedó tan dispersa como "púas que no se tocan".[9] Inesperadamente (pero en efecto de una forma predecible), eventualmente llegó un día en que algunos de estos castillos de arena se desplomaron.

Cuando esta cadena contiene sólo 12 niveles, la altura de los rectángulos resultantes es ya más de 129 veces más grande que la del equilibrio.[10]

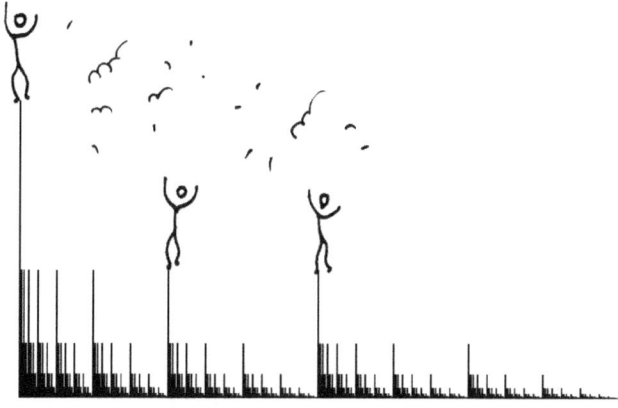

Como por años la pregunta había sido: ¿Cuál de las dos cascadas gobernará al mundo?, el fracaso del experimento común fue festejado como un triunfo por muchos líderes en todo el mundo, quienes declararon que su forma de vida era la mejor sobre la faz de la tierra.

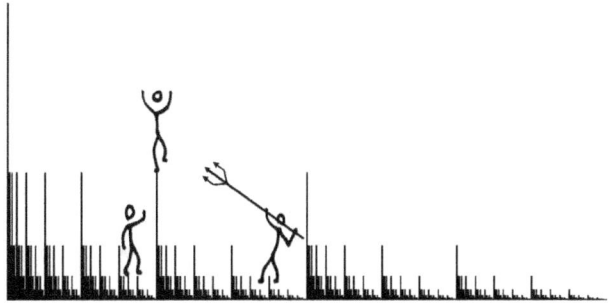

Aunque muchos creyeron dichas aseveraciones grandiosas, algunos ciudadanos del mundo, dentro y fuera de tales sociedades élite, comprendieron que la primera mentira no era el paraíso tal y como les habían dicho. Pues el ritmo cada vez más veloz de la vida moderna materialista no es necesariamente tan bueno como parece, pues trae consigo violencia y miseria aún a los que "ganan".

Curiosamente, una simple cascada con 20 niveles, y empleando las mismas particiones del 70 y el 30%, ajusta la distribución sesgada de la riqueza en **Estados Unidos.**[11]

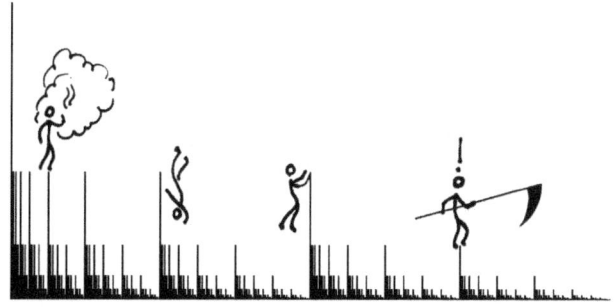

Pues a pesar de las buenas intenciones de muchos y de avances científicos notorios, el juego intrínsecamente egoísta que maximiza la ganancia da lugar a paredes infranqueables que oscurecen la luz del amor, e incita a no pocos hermanos y hermanas a escapar su doloroso "caminar sobre espinas" mediante una variedad de alucinógenos y otras diversas distracciones mundanas.[12]

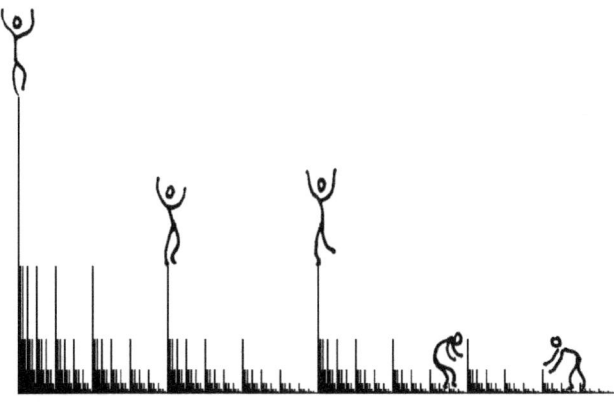

Las perspectivas para el futuro lucen angustiantes, pues la cascada ganadora contiene, por estratos, la misma organización desconectada de las espinas caídas.[13] Si el negocio reinante se globaliza tal y como está planeado, asegurando que aquellos que tienen más tengan aún más y aquellos que tienen menos aún menos, habrá vacío y polvo por todas partes...[14]

La escala vertical de la cadena que contiene sólo 30 niveles es ya más de 24,201 veces más grande que la del equilibrio.

Un poco de matemáticas...

0   *x*   1

Para apreciar aún más las sutilezas de ambas mentiras, es conveniente considerar la "riqueza acumulada" que implican sus cascadas, al atravesarse los objetos que ellas producen de izquierda a derecha, desde el comienzo hasta un punto arbitrario x.

Como se muestra arriba para la cascada discriminante, de cero a $x = 1/3$ se halla el 50% de los recursos, y lo mismo ocurre hasta 2/3, pues no existe nada en el tercio de la mitad.

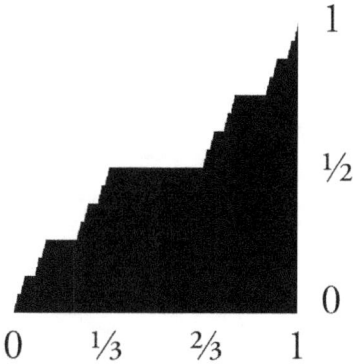

Cuando la riqueza acumulada es graficada en función de x, se encuentra el diagrama mostrado arriba. Tal conjunto contiene una gran cantidad de mesetas que corresponden a los intervalos que no contienen recurso alguno.

Por ejemplo, la región plana correspondiente a una riqueza igual al 50% de los recursos proviene del hueco desde un tercio hasta dos tercios en la página anterior, y así sucesivamente para los huecos subsiguientes.

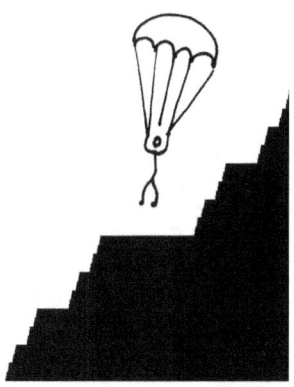

Este objeto es bastante peculiar, pues si uno llegara a él en paracaídas, al aterrizar uno creería llegar a terreno plano.[15] Como el objeto es localmente horizontal en todas partes, la longitud de dicha frontera rugosa, de abajo a arriba, es igual a **2** unidades, es decir, una unidad horizontal por todas las mesetas, más una unidad vertical, pues los recursos suman el 100%.[16]

Este conjunto, debido a su curioso engaño que lo hace parecer estable y constante como el equilibrio, se conoce en ciencia como la **escalera del diablo**. Otras escaleras similares se encuentran cuando se propagan huecos de **cualquier** tamaño, esto es, cualquier tamaño positivo distinto a un tercio.[17]

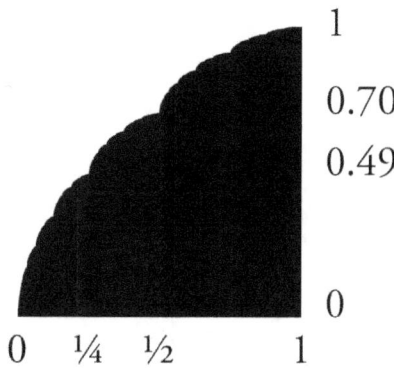

Para la cascada no equitativa, la riqueza acumulada produce el patrón mostrado arriba, uno que contiene muchísimas muescas que reflejan la cadena de apilamientos y estiramientos.

Por ejemplo, el 70% de los recursos ocurren desde el principio hasta un valor $x = 1/2$, la hendidura más notoria, el 49% de ellos hasta $x = 1/4$, y así sucesivamente.

Como las muescas, presentes por todos lados, están formadas por escalones horizontales-verticales, la longitud de la "nube" mostrada arriba, una que pavorosamente se parece a la observada en una explosión masiva, también mide 2 unidades de abajo hacia arriba.

Este objeto es también localmente plano, pues
la mentira tácita literalmente desintegra todos
los recursos por todas partes. Esta es otra escalera del diablo y así sucede cuando otros desequilibrios, de **cualquier** tamaño, persisten.[18]

Cuando no existen ni desigualdades ni vacíos, esto es, cuando se logra el proverbial "50-50", las mentiras se evitan y el equilibrio se mantiene.

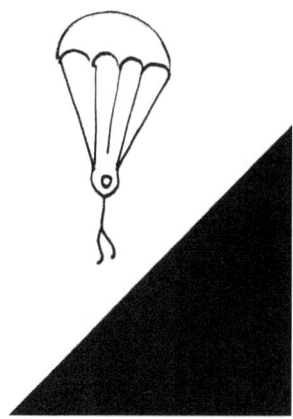

Esta condición ideal da lugar a un perfil de riqueza acumulada que viaja de abajo hacia arriba en forma lineal y que posee la distancia **mínima** de

$$\sqrt{2} \approx 1.4142\ldots,$$

en virtud al famoso teorema de Pitágoras.

En el equilibrio, el 50% de los recursos ocurren desde el principio hasta $x = 1/2$, el 25% de ellos hasta $x = 1/4$, etc.

Mientras que el equilibrio se aventura rectamente por la **hipotenusa**, las dos cascadas, al final, siempre vagan por caminos torcidos que son tan largos como los **catetos** de un triángulo rectángulo, independientemente de sus desequilibrios y huecos. Mientras que el balance genuino de la amistad sigue el camino más económico, las dos mentiras siempre deambulan, dado su prejuicio implacable, por sendas ineficientes que tienen distancias máximas.[19]

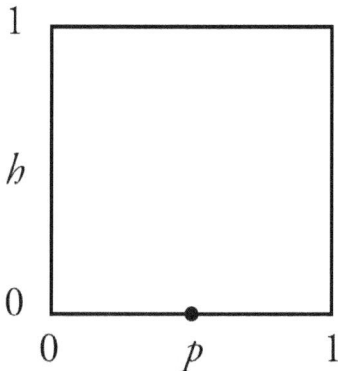

Cuando las dos nociones divisivas se combinan para crear cascadas adicionales que contienen desigualdades, p, y huecos, h, tal y como lo hacemos los seres humanos en nuestras vidas, se producen otros conjuntos, más exóticos, de espinas sobre polvo y otras escaleras del diablo.[20] Como se muestra arriba, existe un **sólo punto**, en un cuadrado de posibilidades, que da lugar a la distancia mínima de $\sqrt{2}$.

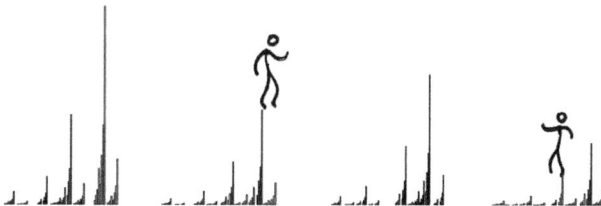

Pero el asunto es aún más dramático, pues el equilibrio puede romperse en más de dos pedazos y los tamaños de desigualdades y huecos pueden escogerse al azar paso a paso, y este mecanismo general, que refleja y abarca aún más nuestras actitudes cambiantes, también produce espinas que se concentran en el polvo.

Tal como se mostró anteriormente, el diagrama de arriba se ilustra comprimido y la gente alargada, pues la escala vertical de la gráfica para este ejemplo que contiene sólo 8 niveles es ya más de 51 veces más grande que la del equilibrio.

Dicha distribución invariablemente da lugar a una frontera de riqueza acumulada torcida y localmente plana que tiene una longitud máxima de 2, esto es, otra escalera del diablo, la cual tiene un nombre adecuado dada la cadena divisiva que la produce.

Un poco de física. . .

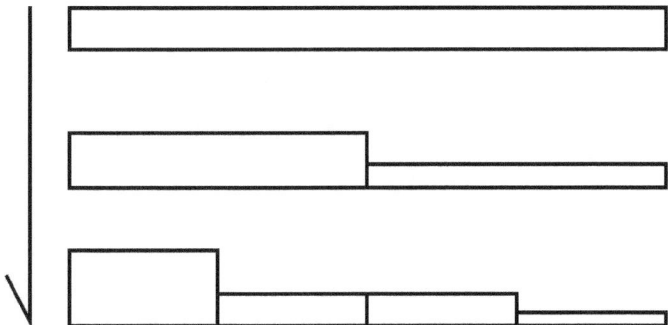

Avances tecnológicos recientes han permitido identificar el rompimiento progresivo, precisamente por el 70%, en el proceso de dispersión frecuentemente violento realizado por el poder del aire.[21]

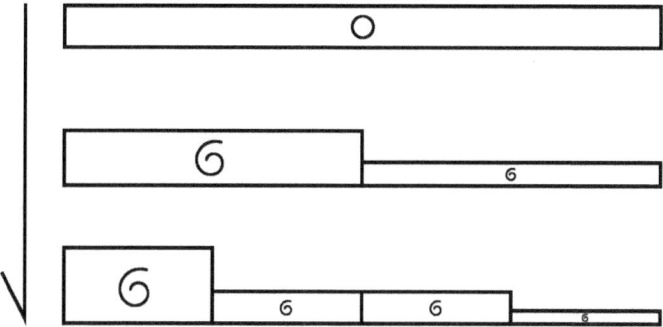

Cuando la energía del aire excede un umbral, su cohesión interna se quebranta y éste fluye de una forma irregular e intermitente en un proceso conocido como la turbulencia completamente desarrollada.[22] Lo que se observa es universalmente consistente con una cascada de **remolinos** que rotan hacia adentro, los cuales se dividen progresivamente en tamaños cada vez menores y que contienen diversas energías (las áreas arriba) distribuidas precisamente como en la primera mentira.[23]

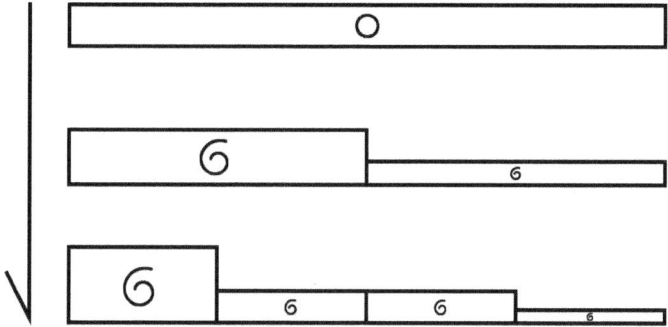

Esta condición natural, guiada por el cociente
alegórico $2/3 = 0.666\cdots$,[24] es muy común en el
mundo.[25]

Al final, la turbulencia **disipa** toda su energía mediante sus remolinos más pequeños y todas sus explosiones espinosas simplemente se desintegran como calor y desaparecen en una bancarrota de polvo,[26] para comenzar más adelante, si es posible, otro ciclo de remolinos y violencia.

Un poco de sentido común...

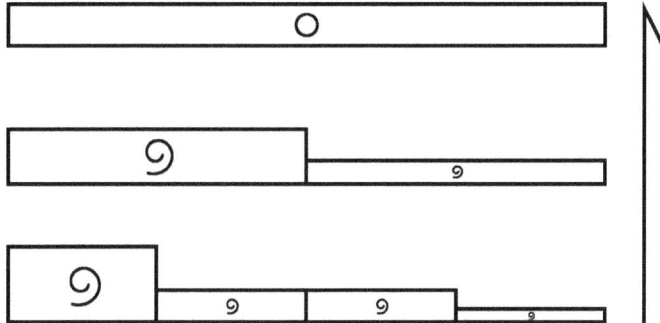

Como la convulsión y la desaparición de la turbulencia natural ocurren en consonancia con una simple cascada, podemos aprender de dicha noción para **rectificar** y así evitar "morder el polvo". Pues aunque un poco de turbulencia puede ser buena para moldear nuestro carácter, es sabio el vivir despacio para evitar ser atrapados por remolinos destructivos.

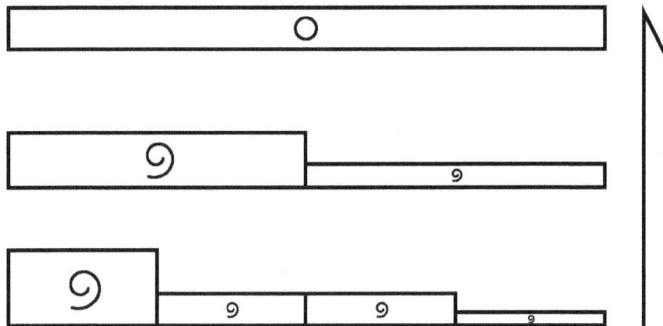

Claramente, todo esto se relaciona con nuestras opciones, pues podemos disciplinarnos viviendo bajo "el umbral", "cambiando el viento" y navegando la cascada natural en reversa, cortando los montes y rellenando barrancos, reparando la brecha, para así restaurar la **unidad**.[27] Pues de una forma vívida, $1 = 0.999\cdots$.[28]

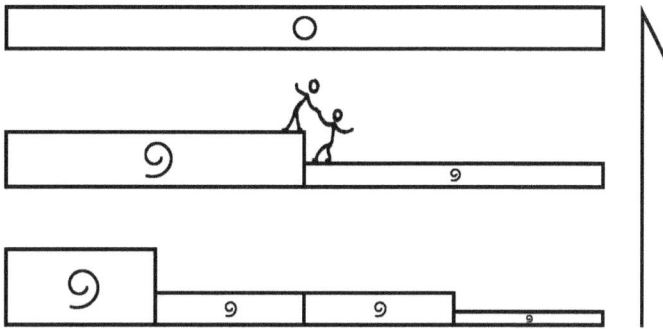

Pues nosotros podemos apelar a nuestra energía moral para voltear el espiral egoísta y negativo que rota hacia adentro en uno amoroso y positivo que rota hacia afuera,[29] para evadir así la oscuridad previsible que existe entre el 6 y el 9.[30] Pues mientras que el remolino divisivo busca la venganza del pasado finito, el remolino humilde perdona soñando siempre un mundo mejor.[31]

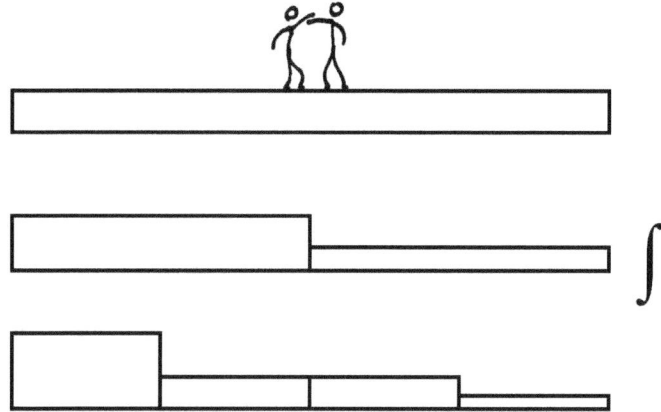

Pues nosotros, como seres humanos dotados con un alma, podemos transformar la violencia en calma, la indiferencia en misericordia, la soledad en amistad, y la ilusión corruptora inducida por nuestro deseo de riqueza, es decir, $\$$, en su opuesto, esto es, la integración entre hermanos, la **S** alargada, que nos habilita a conducir, en vez de disipar, la flama de la vida.

Tal y como lo saboreamos en la tranquilidad, existe sólo un estado superior y común para la **paz** interna y externa, sólo una solución estable que podemos caminar libremente sin el temor a caernos, sólo un caso que permite la comunicación transparente entre todos: la condición esquiva pero real que no contiene ni espinas ni huecos.

Como existen esencialmente $\sqrt{2}$ o 2, la integridad o el polvo múltiple, existe sólo un cimiento **radical** y sólido que asegura nuestra supervivencia en vez de nuestro aniquilamiento;[32] sólo una estrategia que restaura la dignidad y la justicia para todos; sólo una que, al estar basada en la verdad, respeta la vida y sana todas las heridas.[33]

Como tal condición, tanto ideal como factible, es sólo una aguja en un pajar, esta observación perfora nuestros egos pues nos recuerda cuán fácil es errar el blanco y ser **hipócritas**, ya que es mucho más fácil el culpar a otros que reconocer nuestras culpas, el responder a la violencia con violencia en vez de poner la otra mejilla, el olvidar el sueño esencial que atreverse a forjarlo, para no terminar decapitados o coronados con espinas.[34]

La clave está entonces en trocar valerosamente lo imaginario y lo imposible, es decir, la raíz de lo negativo, en lo improbable pero real, esto es, la raíz positiva de lo positivo,[35] de modo que todos nosotros, compartiendo nuestros diversos talentos y nuestros corazones sinceros, podamos acoger el poder unitivo del auto-sacrificio para refugiarnos en la práctica y valiosa hipotenusa, definida por la más sencilla de todas las ecuaciones $\mathbf{X} = \mathbf{Y}$.[36]

Pues la invitación es eterna y particularmente simple. Debemos escuchar nuevamente para alcanzar nuestra esperanza vital, de modo que empleando toda inteligencia y humildad, esto es, la plenitud del **amor**, nosotros, los ciudadanos del mundo, podamos construir un hogar seguro para jugar juntos al fin.

Epílogo

Esta parábola representa un llamado urgente a la igualdad, la unidad, y el amor, en medio de una amplia "turbulencia" en el mundo de hoy. El llamado es obviamente apremiante, pues muchos hermanos en el mundo carecen en este momento de los medios esenciales para su supervivencia. Y es particularmente imperioso, pues las leyes de la física nos advierten del colapso generalizado que nos amenaza si las espinas continúan su proceso de cascada, en un mundo cada vez más interconectado.

Ante nosotros, encarnado en la serenidad del equilibrio y en la justicia insuperable de la línea uno-a-uno, está el claro antídoto de nuestras ansiedades y temores, el alivio generalizado de los males de egoísmo, corrupción y codicia que han plagado los corazones de la humanidad desde tiempo inmemorial. Ante cada uno de nosotros está, individual y colectivamente, la tarea consciente de construir una civilización del amor, de restaurar la dignidad humana, de admitir y corregir errores, de compartir libremente recursos y talentos, y de verdaderamente escoger la paz por encima de la guerra.

En una era en la que el temor al terrorismo naturalmente sugiere soluciones militares y/o económicas a los males de nuestro mundo, es sobrio reconocer que el mejor mapa de ruta hacia la prosperidad y la construcción masiva siempre ha sido la globalización del amor. Pues, tal y como lo valida la ciencia moderna y lo reafirma el sentido común, sólo en la graciosa simpleza de la hipotenusa todos podemos lograr una libertad real y una paz duradera.

En esto se le acercó uno y le dijo, "Maestro, ¿qué he de hacer de bueno para conseguir vida eterna?" Él le dijo: "¿Por qué me preguntas acerca de lo bueno? Uno solo es el Bueno. Mas si quieres entrar en la vida, guarda los mandamientos". "¿Cuáles?" – le dice él. Y Jesús dijo: "No matarás, no cometerás adulterio, no robarás, no levantarás falso testimonio, honra a tu padre y a tu madre, y amarás a tu prójimo como a ti mismo". Dícele el joven: "todo eso lo he guardado; ¿qué más me falta?" Jesús le dijo: "Si quieres ser perfecto, anda, vende lo que tienes y dáselo a los pobres, y tendrás un tesoro en los cielos; luego ven, y sígueme". Al oír estas palabras, el joven se marchó entristecido, porque tenía muchos bienes. Entonces Jesús dijo a sus discípulos: "Yo os aseguro que un rico difícilmente entrará en el Reino de los Cielos. Os lo repito, es más fácil que un camello entre por el ojo de una aguja, que el que un rico entre en el Reino de los Cielos".

El Joven Rico
San Mateo 19:16–24

La Solución

Tal y como se insinúa coherentemente, la solución radical es el amor de **Jesucristo**, la salvación de Dios, quien expresó su amor en una cruz, $X = Y$, coronado por las espinas de nuestras transgresiones en cascada. Él es "el Camino, la Verdad y la Vida" (Jn 14:6); la unidad del amor perfecto (Juan 10:30), $1 = 0.999...$, siempre positivo y misericordioso; el anunciado Príncipe de Paz (Is 9:5); nuestro refugio del *viento* (Is 32:2); quien nos llama a la entrada estrecha (un *punto*) (Mt 7:13); nos manda a perdonar siempre (setenta veces siete, tal y como se observa en el segundo nivel de la cascada dispareja) (Mt 18:22); nos invita a ser reconocidos por nuestro amor (Jn 13:35); y por medio de quien existe vida eterna (Jn 3:16).

Sí, el enemigo es el diablo, la serpiente antigua (Gn 3:1–5); el padre de las mentiras (Jn 8:44); $2/3 = 0.666...$, siempre negativo pues "no hay verdad en él" (Jn 8:44); el *"Príncipe del imperio del aire"* (Ef 2:2) quien, contrario a Jesús, nos desparrama con su viento turbulento (Mt 12:30); "el Príncipe de este mundo" (Jn 12:31), siempre comiendo *polvo* (Is 65:25); y el asesino derrotado que será "soplado" cuando Jesús regrese (2 Ts 2:8).

Los símbolos son universales y reflejan nuestras opciones: verdad vs. mentira, luz vs. oscuridad y vida vs. muerte. Como lo tipificó el apóstol Pedro, quien negó a Jesús tres veces antes de que el gallo cantara dos veces, $2/3 = 0.666...$, (Mc 14:66–72) y quien luego lo acogió tres veces, $1 = 0.999...$, (Jn 21:15–17), estamos llamados a permanecer en el amor (Jn 15:7) (¡y no solo tres veces!), a ser guiados por el **Espíritu de la verdad** (Jn 16:12), para llegar al **Padre** (Jn 14:6), el **Origen**. Pues, consistentemente, cuando Jesús fue crucificado hubo *oscuridad* desde la hora **sexta** a la **novena**; Él murió a la hora **novena** (Mc 15:33–37); y el velo del Santuario se rasgó por el *medio* (Lc 23:45) para definir la solución perfecta para todos: la condición balanceada del **50-50** que podemos degustar **amando** libremente a Dios y a los demás.[37]

La Hipotenusa

A todos mis estudiantes,
colaboradores y colegas.

¿Te acuerdas,
cuando estabas en la escuela?
¿Te acuerdas,
aprendiendo de veras?

¿Te acuerdas,
pintando todo el día?
¿Te acuerdas,
jugando geometría?

¿Te acuerdas,
de los ángulos rectos?
¿Te acuerdas,
de los tales catetos?

¿Te acuerdas,
de hipotenusa y su distancia?
¿Te acuerdas,
del teorema de tu infancia?

¡Pitágoras!

Ahora vamos a explorar
para que más sirve eso,
ahora vamos a estudiar
su relación con lo nuestro.

Ahora vamos a explorar
para que más sirve eso,
ahora vamos a estudiar
su relación con lo cierto.

Hay dos caminos
ve, no es invento,
el uno es mentira
y el otro es recto.

Camino largo
o viaje derecho,
exigiendo en vano
o dando alimento.

Conciencia ligera
o corazón pesado,
la vida plena
o tiempo gastado.

Yendo por el medio
o por los catetos,
hallando la raíz
o perdiendo el centro.

**Mira, esto es sólo verdad,
mira, la vida como va. (2)**

**Aunque lo dudemos,
no hay más opción,
y aunque parezca exageración:
o usamos la hipotenusa
o vamos por los catetos. (2)**

Mira que es cierto...

Si tu corazón no miente
y comprendes que hay hermano,
si tú haces lo que es bueno
y al que sea das la mano:
usas la hipotenusa.

Y si me pongo iracundo
y mi ego incita al tajo,
si acumulo los rencores
sin perdonar desde abajo:
voy por catetos.

Si el amor guía tu día
en lo humilde de la entrega,
si construyes la alegría
en constante vida nueva:
usas la hipotenusa.

Y si me hago el bobo
con hipócrita conciencia,
y si lo ajeno es excusa
para crecer mi indiferencia:
voy por catetos.

¿No es cierto?

Entonces, corolario.

Coro, ¿qué?

Aprende el coro...

**Ay por catetos no,
ay por catetos no,
ay Dios,
usa la hipotenusa.**

**Ay por catetos no,
ay por catetos no,
no no no,
usa la hipotenusa.**

Para vivir en paz
para sembrar unión,
ay Dios,
usa la hipotenusa.

Para sanar dolor
para gestar amor,
ay Dios,
usa la hipotenusa.

Para reír al fin
para entender mejor,
ay Dios,
usa la hipotenusa.

Para crecer la fe
para soñar el sol,
ay Dios,
usa la hipotenusa.

No olvidemos...

Ay por catetos no,
ay por catetos no,
ay Dios,
usa la hipotenusa.

Oye amigo...

Ay por catetos no,
ay por catetos no,
no no no,
usa la hipotenusa.

¿Está claro?, Entonces...

Ay por catetos no,
ay por catetos no,
no no no,
usa la hipotenusa.

609

**Seis, cero, nueve, mi canción
números que hablan del amor,
seis, cero, nueve, un pregón
símbolos para el corazón.**

De seis en seis
con rotación adentro,
de seis en seis
me convertí en lamento.

De seis en seis
con sutiles razones,
de seis en seis
en egoístas divisiones.

De seis en seis
creyendo ser gran cosa,
de seis en seis
sólo espina de la rosa.

**Seis, cero, nueve, mi canción
números que hablan del amor,
seis, cero, nueve, un pregón
símbolos para el corazón.**

Del seis al cero
le bajé velocidad,
del seis al cero
ya no fue tempestad.

Del seis al cero
recibí el perdón,
del seis al cero
escuché la voz.

Del seis al cero
supe de la paz,
del seis al cero
se fue la soledad.

**Seis, cero, nueve, mi canción
números que hablan del amor,
seis, cero, nueve, un pregón
símbolos para el corazón.**

Del cero al nueve
se volteó el espiral,
del cero al nueve
me atreví a amar.

Del cero al nueve
intenté oración,
del cero al nueve
quise ser reparador.

Del cero al nueve
el infinito fluyó,
del cero al nueve
a veces no fui yo.

**Seis, cero, nueve, mi canción
números que hablan del amor,
seis, cero, nueve, un pregón
símbolos para el corazón.**

De nueve en nueve
me convierto en mies,
de nueve en nueve
más cerca de si ser.

De nueve en nueve
venciendo oscuridad,
de nueve en nueve
creciendo en realidad.

De nueve en nueve
deseo ya vivir,
de nueve en nueve
la gloria del morir.

**Seis, cero, nueve, mi canción
números que hablan del amor,
seis, cero, nueve, un pregón
símbolos para el corazón.**

X = Y

X = Y
es justicia que ilumina,
es balanza que fascina:
X = Y.

X = Y
es la conciencia encarnada,
es la paciencia sangrada:
X = Y.

X = Y
es palabra que perdura,
es espiral de ventura:
X = Y.

X = Y
es la preciosa morada,
es la planicie anhelada:
X = Y.

X = Y
es hermandad que valora,
es colibrí con aurora:
X = Y.

X = Y
es corta raíz divina,
es geometría sin espina:
X = Y.

X = Y
es futuro que perdona,
es la ciencia con corona:
X = Y.

X = Y
es tonada siempre tierna,
es la oración eterna:
X = Y.

X = Y
es inocencia que besa,
es un jardín sin maleza:
X = Y.

X = Y
es el diseño sencillo,
es majestuoso estribillo:
X = Y.

X = Y
es amistad que da cura,
es libertad con cordura:
X = Y.

X = Y
es el abrazo sincero,
es la potencia del cero:
X = Y.

X = Y
es unidad que edifica,
es torsión que santifica:
X = Y.

X = Y
es el corazón sagrado,
es el más enamorado:
X = Y.

X = Y
es inspiración que llama,
es confianza de quien ama:
X = Y.

X = Y
es bondad apasionada,
es sabiduría soñada:
X = Y.

X = Y
es revelación que anida,
es renunciación querida:
X = Y.

X = Y
es la carencia del polvo,
es la línea del retorno:
X = Y.

X = Y
es el regalo que invierte,
es la vida sin la muerte:
X = Y.

X = Y
es vivencia sin el miedo,
es matrimonio de lleno:
X = Y.

X = Y
es ya lo pleno, te digo,
es amar al enemigo:
X = Y.

Agradecimientos

Este trabajo no pudo haber sido posible sin los comentarios que he recibido al compartir el mensaje de la hipotenusa en conferencias, cursos y en reuniones imprevistas. Agradezco la ayuda que he recibido por parte de mis estudiantes y colegas en la Universidad de California y por parte de mis amigos y colegas por el mundo.

Las ideas aquí expuestas han sido clarificadas por medio de una exquisita cadena de conversaciones con Marta, Cristina & Mariana Puente, Carlos & Constanza Puente, Patricia Puente, Juan Carlos & Ilea de Zubiría, Mario, Xiomara, Andrés Camilo & Silvia María Díaz-Granados, Enrique, Gloria, Jorge & Fernando Juliao, Julio & Cristina Puente, Steve Bennett, Germán Vives, Carolina Durán, Mike Tansey, Joe Wheaton, Camilo Bernal, Andrew Coffey, Richard Blinn, Bellie Sivakumar, Jorge Pinzón, María Isabel Escobar, Nelson Obregón, Andrea Cortis, Carlos Rueda, Akin Orhun, Nels Ruud, José Constantine, Jan Fleckenstein, Fariba Sirjani, Richard Bruce, Karen Bordigon, Mark Grismer, Thomas Bui, Martha Vanzina, Walter & Lucy Duque, Fernando Duarte, Luis Sánchez, María José Berenguer, Jairo Uribe, Carlos Molina, Ramón Llamas, Marc Parlange, Verne Scott, Thomas Harter, Joe Stasulat, Barry Gan, Keith Beven, Vit Klemeš, P. K. Bhattacharya, David Dionisi, Steve Grattan, Wes Wallender, Gerhard Epke, Julia-Rose Padilla, Mahesh Maskey y Huai-Hsien Huang, entre otros.

El hermoso trabajo artístico de Fernando Duarte y Huai-Hsien Huang y el apoyo fraternal de Steve Bennett son altamente apreciados.

Notas

1. La dinámica del proceso puede seguirse moldeando una barra de plastilina manteniendo su grosor constante. Si la altura de la barra original es de una unidad, los dos rectángulos mostrados, al tener longitud $1/2$ y áreas 0.7 y 0.3, tienen alturas iguales a 1.4 y 0.6 unidades verticales, respectivamente. Esto es así, pues el área de un rectángulo es el producto de la base por su altura.

2. Las áreas de los cuatro rectángulos corresponden a la expansión familiar de $(p+q)^2$, esto es, p^2, más dos veces pq, más q^2, donde $p = 70\%$ y $q = 30\%$. Como estos rectángulos tienen longitud un cuarto, sus alturas son, de izquierda a derecha, $4p^2$, $4pq$, $4pq$, y $4q^2$.

3. Los rectángulos mostrados tienen áreas dadas por la expansión de $(p+q)^3$. Los cuatro estratos (capas) definidos por p^3, p^2q, pq^2 y q^3, ocurren, en orden, una vez, tres veces, tres veces, y una vez. Observe cómo, contrario al nivel anterior, los rectángulos ya no se ordenan de mayor a menor, pues las capas intermedias se entrelazan.

4. Esta *cascada multiplicativa* ocurre en potencias de 2. Cuando se lleva a cabo por n niveles, ella genera 2^n rectángulos de longitud $1/2^n$, cuyas áreas están dadas por la expansión de $(p+q)^n$. Esto da $(n+1)$ capas finamente intercaladas con magnitudes p^n, $p^{n-1}q, \cdots, q^n$, y que ocurren de acuerdo al triángulo de Pascal:

$$
\begin{array}{ccccccccc}
& & & & 1 & & & & \\
& & & 1 & & 1 & & & \\
& & 1 & & 2 & & 1 & & \\
& 1 & & 3 & & 3 & & 1 & \\
1 & & 4 & & 6 & & 4 & & 1 \\
& & & & \vdots & & & &
\end{array}
$$

Revisiones lúcidas del triángulo de Pascal y de la cascada multi-plicativa se encuentran en H.-O. Peitgen, H. Jürgens, y D. Saupe,

116

Chaos and Fractals, New Frontiers of Science, Springer-Verlag, 1992 y en J. Feder, Fractals, Plenum Press, 1988.

5. Como el área más grande luego de n niveles es p^n y como dicho rectángulo tiene longitud $1/2^n$, su altura es $(2p)^n$. Esta cantidad es 56.69 cuando $p = 0.7$ y $n = 12$.

6. Esto puede verificarse usando el triángulo de Pascal, como en la nota 4. Cuando $n = 16$, las 7 capas más altas tienen $1 + 16 + 120 + 560 + 1,820 + 4,368 + 8,008 = 14,893$ rectángulos, esto es, dividiendo por $2^{16} = 65,536$, el 22.7% de la población. Estos rectángulos tienen una área total de $(0.7)^{16} + 16 \cdot (0.7)^{15}(0.3) + 120 \cdot (0.7)^{14}(0.3)^2 + 560 \cdot (0.7)^{13}(0.3)^3 + 1,820 \cdot (0.7)^{12}(0.3)^4 + 4,368 \cdot (0.7)^{11}(0.3)^5 + 8,008 \cdot (0.7)^{10}(0.3)^4 = 0.825$, o el 82.5% de la riqueza.

7. Esta construcción también se puede entender moldeando una barra de plastilina. Los dos rectángulos mostrados, al tener área $1/2$ y longitud $1/3$, tienen una altura de $3/2$ unidades verticales.

8. El diagrama emplea la misma proporción en los huecos, es decir, un tercio de un tercio (un noveno) en el segundo nivel, un tercio de un noveno (un veintisieteavo) en el tercer nivel, y así sucesivamente. Claramente, esta cascada multiplicativa también sucede en potencias de 2. Cuando se lleva a cabo por n niveles, ella genera 2^n rectángulos no contiguos con área $1/2^n$, cuyas longitudes y alturas son $1/3^n$ y $(3/2)^n$, respectivamente.

9. El conjunto de puntos disyuntos de los que emanan las (infinitas) espinas se conoce como el *conjunto triádico de Cantor*, en honor al matemático alemán George Cantor quien lo introdujo en 1883. Este conjunto, también llamado el *polvo de Cantor* por su carencia total de cohesión, es un prototípico **fractal**, tal y como se hallan en diversas aplicaciones que abarca la física, la economía, y la biología.

Para una introducción elegante a los fractales, el lector es referido a N. Lesmoir-Gordon, W. Rood y R. Edney, *Introducing Fractal Geometry*, Totem Books, 2000. Para un tratamiento exhaustivo del tema, el lector es referido a B. B. Mandelbrot, *The Fractal Geometry of Nature*, W. H. Freeman, 1982.

10. En virtud a la nota 8, la altura común luego de doce niveles es $(3/2)^{12} = 129.75$.

11. Las distribuciones de riqueza e ingresos en el mundo son altamente sesgadas. Notablemente, al interpolar los valores dados por la primera cascada cuando $n = 20$ y $p = 0.7$, como se explicó en la nota 6, se ajusta la riqueza de los más ricos en los **Estados Unidos** en sus percentiles 5, 10, 20 y 40%, esto es, en orden, 59 (57), 71 (70), 84 (84), y 95% (95) de los recursos, con los valores de la cascada dados en paréntesis. Sin embargo, la riqueza del 1% más rico está subestimada por la cascada, 38% (30).

Las distribuciones de riqueza de países en el mundo pueden ajustarse usando cascadas multiplicativas más generales que también dan lugar a espinas y polvo. Estas pueden obtenerse dividiendo la masa en más de dos pedazos (si se requiere) y seleccionando multiplicadores posiblemente diferentes de nivel a nivel. Este marco de referencia ciertamente ajusta cualquier distribución de riqueza con un índice de Gini arbitrario entre 0 y 1, tal y como se define en economía, donde 0 denota la equidad y 1 la concentración de la riqueza en un sólo individuo.

Para hallar estadísticas acerca de distribuciones de riqueza en el mundo, el lector es referido a K. Phillips, *Wealth and Democracy,* Broadway Books, 2002; L. A. Keister, *Wealth in America,* Cambridge University Press, 2000; J. D. Sachs, *The End of Poverty,* The Penguin Press, 2005; y a la página virtual *www.globalpolicy.org.*

12. Para encontrar descripciones lúcidas del estado de las ideas democráticas en nuestro mundo, el lector es referido a V. Klemeš, *An Imperfect Fit,* Trafford, 2003; E. F. Schumacher, *Small is Beautiful,* Blond & Briggs Ltd, 1973; J. Wallis, *God's Politics,* Harper San Francisco, 2005; y a referencias allí citadas.

13. Los conjuntos de espinas de la primera cascada relacionados a una altura dada tienen la misma estructura no contigua (fractal) generada por la segunda cascada, pero la cohesión de sus polvos varía de nivel a nivel. Sus densidades, definidas por el triángulo de Pascal por parejas, se hallan variando el tamaño del hueco en la

segunda cascada, de un tercio a un valor genérico h, con las capas más densas correspondiendo a huecos más pequeños y viceversa.

Estas observaciones muestran por qué las dos cascadas, es decir, las dos mentiras, están **íntimamente relacionadas** y explican el por qué el objeto generado por la primera cascada es conocido como un *multifractal*. Para información adicional sobre multifractales, el lector es referido a J. Feder, *Fractals,* Plenum Press, 1988 y a M. Schroeder, *Fractals, Chaos, Power Laws,* W. H. Freeman, 1991.

14. Aunque las cascadas no capturan explícitamente la dinámica de la acumulación de riqueza sino más bien observaciones puntuales del proceso (cf. nota 11) y sin olvidar el progreso en los estándares de vida generado por avances tecnológicos, la primera cascada puede emplearse, ciertamente a un nivel metafórico, para modelar la fragmentación adicional y el amplio polvo fractal que seguramente ocurrirá si los desequilibrios persisten. Por ejemplo, si $p = 0.7$ y $n = 30$, los 5, 10 y 20% más ricos en dicha sociedad tendrán, en orden, 73, 84 y 92% de la riqueza, un aumento considerable a partir del 57, 70 y 84%, como se reportó en la nota 11 cuando $n = 20$. Si $p = 0.75$ y $n = 30$, las disparidades (siempre entrelazadas) son aún peores pues dan, para los mismos percentiles, en orden, 90, 95 y 98% de la riqueza.

Para mayor información sobre el espinoso tópico de la globalización, el lector es referido a N. Hertz, *Silent Takeover: Global Capitalism and the Death of Democracy,* Free Press, 2002 y a T. H. Friedman, *The Lexus and the Olive Tree: Understanding Globalization,* Anchor Books, 2000.

15. Como las espinas se terminan concentrando en el polvo, existen mesetas por todos lados. La longitud de dichas porciones horizontales, L_h, es ciertamente **una** unidad, pues la longitud de los huecos

$$L_h = 1/3 + 2 \cdot 1/9 + 4 \cdot 1/27 + \ldots,$$

da una serie geométrica

$$L_h = 1/3 \cdot \sum_{n=0}^{\infty} (2/3)^n = 1/3 \cdot \frac{1}{1 - 2/3} = 1.$$

Si la persona que cae en paracaídas es "pequeña" en tamaño, ella seguramente caerá en una meseta.

16. Existen líneas en este diagrama que parecen estar inclinadas, pero esto es sólo una ilusión óptica producida por la resolución de la gráfica. Al final, todas las líneas son horizontales o verticales, y, por tanto, la distancia de la frontera es igual a **dos** unidades.

17. La escalera del diablo fue bautizada por George Cantor en 1883. La propagación de cualquier hueco, sin importar cuan pequeño, claramente genera espinas sobre polvo, mesetas por todas partes, y, por tanto, escaleras del diablo.

18. La nube de polvo mostrada (y cualquier otra cuando $p \neq 1/2$) es un "monstruo" matemático pues es una curva continua y sin derivadas en ninguna parte. Como $p = 0.7$ y $q = 0.3$ son ambos menores que uno, el valor genérico de una espina, esto es, $p^k q^j$, tiende a **cero** cuando $k + j$ tiende a infinito. Así, un tal perfil es localmente plano, pues no se agrega "nada" en cada punto.

El que la primera cascada no sea un mal menor se puede entender recordando que la segunda mentira, que crea escaleras del diablo, se halla en las capas espinosas de la primera mentira (cf. nota 13).

19. Si uno se lanza a la hipotenusa, ¡uno se desliza hacia el origen!

20. Esta analogía en cuanto a nuestras acciones no es, claro está, del todo precisa, pues no rompemos el equilibrio usando el mismo camino. Sin embargo, el combinar las cascadas permite ilustrar las consecuencias nefastas de nuestras "desigualdades" y "vacíos", pues ellas reflejan nuestros corazones desolados, nuestras relaciones quebrantadas, sociedades dispersas, la violencia y la guerra.

21. La noción del modelo de cascada en turbulencia fue propuesto por el físico y pacifista inglés Lewis Fry Richardson en 1922.

22. Técnicamente, la turbulencia completamente desarrollada ocurre cuando el número de *Reynolds*, $R = \frac{v \cdot L}{\nu}$, es suficientemente grande (mayor que 200), esto es, cuando la inercia dada por v multiplicada por L, el producto de la velocidad y una longitud característica,

subyuga la viscosidad del aire ν. Tal condición ocurre comúnmente en la atmósfera cuando la velocidad excede 24 kilómetros por hora.

Para mayor información acerca de la turbulencia, el lector es referido a U. Frish, *Turbulence,* Cambridge University Press, 1995.

23. Como lo reportaron C. Meneveau y K. Sreenivasan, "Simple multifractal cascade model for fully developed turbulence", *Physical Review Letters,* 59:1424, 1987, observaciones unidimensionales de turbulencia atmosférica, y otros flujos en el laboratorio, son **universalmente** congruentes con una permutación de las espinas dadas por la primera cascada cuando p es precisamente 70%. Asombrosamente, la naturaleza produce, de Afganistán a Zimbabwe, espinas de acuerdo al triángulo de Pascal, pero el proceso es impredecible, pues los remolinos más grandes no siempre aparecen a la izquierda, sino que lo hacen a ambos lados, guiados por el azar.

24. No obstante la distinta orientación de remolinos en los hemisferios norte y sur, es curioso notar cómo la fracción 2/3 que simboliza gráficamente la evolución de la cascada, se encuentra prominentemente en diversos resultados relacionados con la turbulencia. Ellos incluyen la ley de los "dos tercios" que relaciona las variaciones cuadráticas de velocidad en dos puntos dentro del flujo con su separación elevada a la potencia 2/3, y el hecho que 2/3 es el valor de los dos parámetros de un modelo reciente que generaliza las ideas aquí explicadas empleando una cascada aleatoria.

Para mayores detalles, el lector es referido a Z. S. She y E. C. Waymire, "Quantized energy cascade and log-Poisson statistics in fully developed turbulence", *Physical Review Letters,* 74:262, 1995 y a U. Frish, *Turbulence,* Cambridge University Press, 1995.

25. Casualmente, "los pobres en países en vía de desarrollo y en antiguos regímenes comunistas constituyen las dos terceras partes de la población del mundo," H. de Soto, *The Mystery of Capital,* Basic Books, p. 74, 2000.

26. La escala η a la cual la disipación ocurre depende del número de Reynolds, R, y de la escala inicial del sistema, L_0, de acuerdo a

$\eta/L_0 = R^{-3/2}$. Esta condición permite hallar el número de niveles de la cascada hasta la disipación, n, a partir de $R^{-3/2} \approx 1/2^n$, lo cual da $n = 12$ para $R = 256$ y $n = 24$ para $R = 65,536$.

27. Para evitar la turbulencia, el número de Reynolds debe ser pequeño. Esto significa bajar la "velocidad de nuestras vidas", disminuir nuestras "longitudes características", y aumentar nuestras "viscosidades".

28. Esto puede comprobarse fácilmente. Llamando $x = 0.999\cdots$, resulta $10x = 9.999\cdots$. Entonces restando estas dos cantidades da la ecuación sencilla $9x = 9$, y entonces $0.999\cdots = 1$.

29. La naturaleza de los dos espirales genéricos puede apreciarse aún más empleando sus expresiones en coordenadas polares. Mientras que el **natural** es, por convención en matemáticas, $r = e^{-\theta}$, con r denotando la distancia desde el origen y θ representando el ángulo (contrario a las manecillas del reloj) a partir del eje x positivo, el **amoroso** es $r = e^{\theta} = e^{+\theta}$.

30. Como eventualmente la cascada turbulenta disipa la energía, hay oscuridad mientras persisten los remolinos egoístas. Esta condición sólo se evita cuando el espiral positivo reina.

31. Estas observaciones curiosas se pueden visualizar superponiendo los dos espirales en un reloj y notando que el negativo viaja una distancia finita hacia su centro mientras que el positivo lo hace hacia afuera, por siempre.

Más información sobre las funciones exponenciales se halla en E. Maor, *e. The Story of a Number*, Princeton University Press, 1994.

32. Como la cascada natural no se puede mantener para siempre (cf. nota 26), las leyes de la física sugieren que es sabio invertir deliberadamente el "esquema piramidal" implícito en la cascada "ganadora" para evitar una disipación global (cf. nota 14). Pues aún si no conocemos el "número de Reynolds del mundo", la injusticia y el terrorismo no pueden prevenirse por medio de un mercado egoísta, sino mediante el compartir enérgico de recursos naturales y humanos entre las personas y naciones "ricas" y "pobres".

33. Observe cómo las consignas "el pueblo unido jamás será vencido", "unidos nos mantenemos" y "somos el número uno" sólo se satisfacen en la "raíz del equilibrio".

34. Como bien lo sabemos, existe un eje del mal que pasa por el corazón de cada uno de nosotros y por tanto todos debemos hacer lo que nos corresponde. De una manera vívida, el dejar nuestras posturas de superioridad o inferioridad nos lleva, por el efecto de la "gravedad" a nuestro mejor destino. Pues la superficie implicada, aunque es plana en el límite, tiene una curvatura convexa hacia arriba para un número finito de niveles y esto garantiza el que hallemos el punto improbable.

35. Estas observaciones se reflejan en la diferencia entre el número imaginario $i = \sqrt{-1}$ y la simple ecuación (en números romanos) $I = +\sqrt{+1}$. ¡La diferencia entre la i pequeña y la I grande verdadera es particularmente relevante en inglés!

36. La condición más económica está potentemente simbolizada por el cohesivo nivel cero en ambas cascadas. De una forma coherente, $(p+q)^0 = 1$ y entonces **cero** (no más mentiras) denota el poder de auto-sacrificio requerido para lograr la **unidad**:

$$\text{Ⴕ} = 0.999... = 1$$

37. Curiosamente, no existe una distinción entre los que pertenecen al 99% y aquellos que conforman el 1%, pues la misericordia universal de Dios se observa en la parábola de Jesús acerca de la oveja perdida: "Qué os parece? Si un hombre tiene cien ovejas y se le descarría una de ellas, no dejará en los montes las noventa y nueve, para ir en busca de la descarriada? Y si llega a encontrarla, os digo de verdad que tiene más alegría por ella que por las 99 no descarriadas". (Mt 18:12–13)

Índice

www.ingramcontent.com/pod-product-compliance
Lightning Source LLC
Chambersburg PA
CBHW071324310526
45789CB00016B/635